AF339936

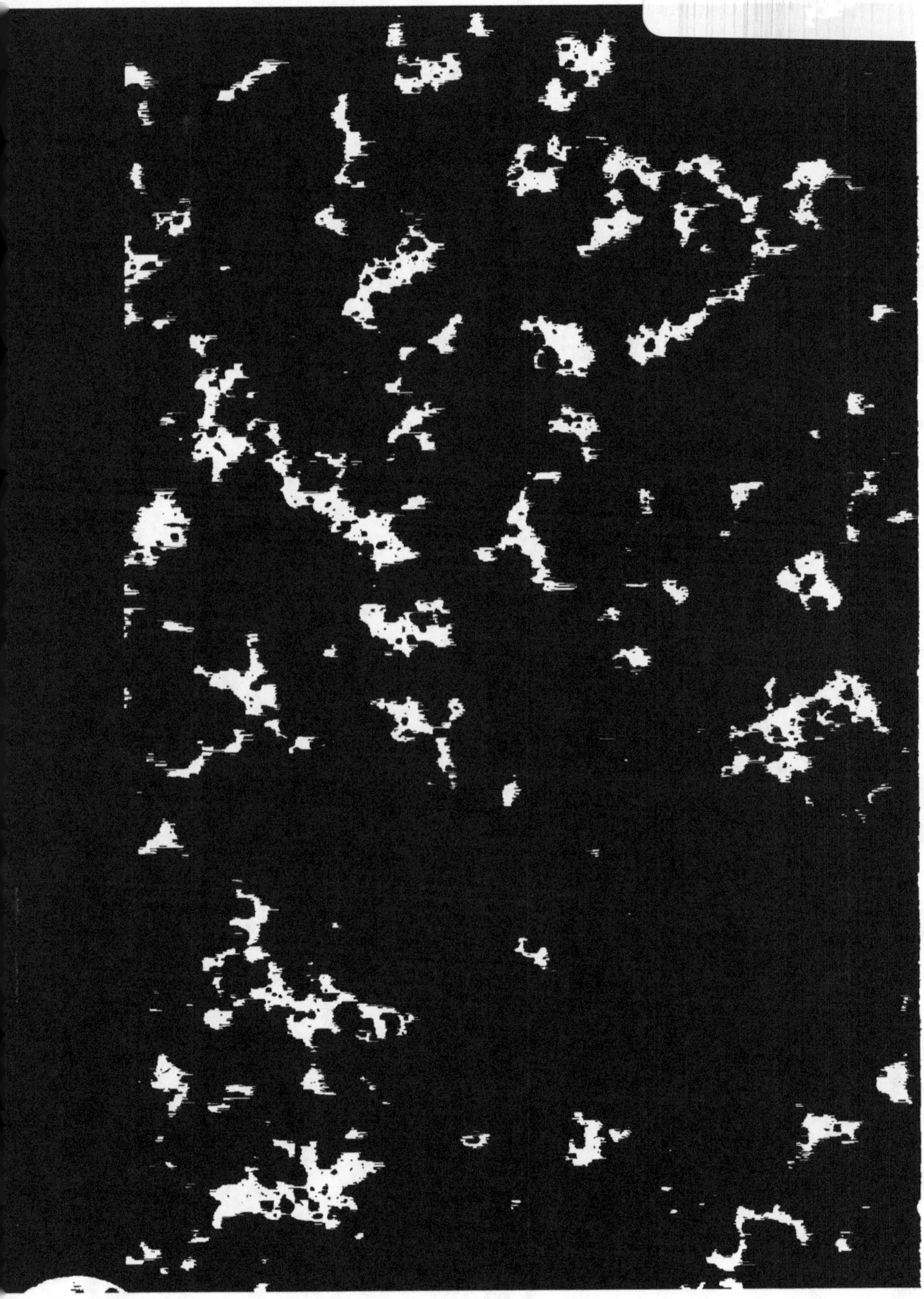

DISCOURS

Prononcé par AUDOUIN, à la société des Jacobins de Paris, le 7 Vendémiaire, l'an 3ᵐᵉ. de la république, une et indivisible.

DISCOURS,

Prononcé par A U D O U I N , à la société
des Jacobins de Paris , le 7 vendé-
miaire, l'an 3me. de la république, une
et indivisible.

FRERES ET AMIS;

Déjà plusieurs fois, et notamment dans
la dernière séance, on vous a dépeint la
faction liberticide dont nous éprouvons l'horrible influence.

Les détails qu'on vous a présentés ont
porté la conviction dans vos ames : je viens
ajouter quelques traits au tableau qu'on a
offert à votre indignation républicaine.

A

Maximilien Robespierre n'a été si voisin du triomphe , que parce que la politique a peut-être été un peu trop consultée . que parce qu'on a trop craint , peut-être , d'affronter l'opinion pour attaquer en face cet usurpateur qui s'avançoit à la tyrannie sur le char de Tibère : n'accordons pas un aussi long-temps à ses continuateurs qui , pour donner le change sur leurs infâmes projets , marchent à la dissolution de la république , par une route en apparence opposée à celle que prit le triumvirat écrasé par la justice nationale.

Je dois commencer par un aveu qui se trouvera d'accord avec vos cœurs ; car une expérience de cinq années vient à son appui. N'est-il pas vrai que jusqu'à présent les patriotes n'ont été que les dupes de l'aristocratie , quand toutes fois on leur a fait la grâce de ne pas les assimiler aux conspirateurs ? Qu'est-ce qui a fait tous les sacrifices? Qu'est-ce qui a consacré son temps et donné ses sueurs pour le maintien de la liberté? Qu'est-ce qui a combattu la cour , les Fayétistes , les Brissotins , Dumouriez , les fédéralistes , la Gironde et les satellites des tyrans ? Qu'est-ce qui a rempli habituellement les services de surveillance dans l'intérieur ? Qu'est-ce qui s'est porté aux frontières pour repousser les esclaves? ne sont-ce pas les patriotes ?

Qu'est-ce qui a obtenu presque toutes les places , tous les emplois , toutes les considérations? Qu'est-ce qui a accaparé une partie des biens nationaux et des richesses de toute espèce ? Qui est-ce qui a été mis en réquisition pour ne point marcher aux frontières ? Enfin, qui est-ce qui a été constamment epargné, protégé, fêté ? Chacun de vous me répond que ce sont les ennemis des patriotes, les aristocrates, les contre-révolutionnaires. Venons-en aux preuves matérielles, elles existent par-tout. Qu'est-ce qui a fait la journée du 14 juillet ? Ce sont les patriotes, je pense. -- Qu'en est-il résulté ? une constitution horrible, qui attribuoit à Capet un despotisme pire que tous les despotismes ; car on lui avoit donné des formes légales.

Qu'est-ce qui a renversé cet exécrable despotisme dans la journée du dix août ? Les patriotes.

Qu'en est-il résulté ? la république ! et observez bien que tels qui ont proposé la république et appuyé cette proposition, sont poursuivis par la faction d'aujourd'hui ; mais après ce décret qu'avons-nous vu ? la tyrannie Brissotine, fédéraliste, Girondine. Cette tyrannie nouvelle a été abattue dans les journées à jamais célèbres des 31 mai 1 et 2 juin.

Les patriotes qui avoient concouru à cette brillante victoire, s'imaginoient que leurs travaux alloient fixer invariablement les destinées de la patrie ; ils se sont trompés. Hébert, d'Orléans, Danton et Robespierre se renversant mutuellement eux-mêmes, et une partie de leurs complices se sont trouvés là pour s'emparer des révolutions et les tourner à leur profit. Mais les patriotes, après tant de combats n'étoient pas épuisés, car l'amour de l'égalité et de la liberté les rend invincibles. Arrive donc le 9 thermidor ; journée mémorable et terrible pour quiconque tenteroit d'usurper la souveraineté nationale et de forger des fers à un peuple qui fait tant de sacrifices pour l'affermissement de sa liberté !

Journée qui annonce au peuple qu'il ne faut point se fier au langage des hommes, mais qu'il faut absolument ne les juger que par leurs actions, et jour par jour.

Robespierre qui , depuis un certain temps, laissoit échapper quelques coins de son masque , étoit observé dans le silence par une portion de républicains qui l'eussent frappé beaucoup plutôt s'ils n'eussent vu la patrie à côté de ce coup d'éclat, et s'ils n'eussent appréhendé un affreux déchirement dont les auroit rendus responsables, la faction qui les accuse maintenant.

Le huit thermidor Robespierre lève tout-à-fait le masque.

Les républicains qui l'observoient depuis long-tems, et dans les comités , et dans la convention, et dans cette société, se quittent après la séance en se prenant la main et jurant que la journée suivante ne se passeroit pas sans que le tyran fût abattu et la patrie sauvée.

Effectivement, dès le même soir il est attaqué ici.

Le lendemain les républicains qu'on poursuit aujourd'hui se ressouviennent de leur serment : ils arrivent tous de bonne heure. Le ministre de Robespierre, St.-Just, monte à la tribune pour détourner l'orage de dessus leur tête, et le reporter sur des hommes qu'il va accuser de *tramer la perte des gens de bien* : or quels sont ces hommes dont-il va se rendre l'accusateur ? les mêmes que la faction actuelle a ensuite accusés : et quels sont *ces gens de bien* dont St-Just dit que la perte est tramée par les hommes qu'il va dénoncer et qui ont été dénoncés depuis par la faction continuatrice de Robespierre sous un masque qui semble différent ?

Ces gens de bien dont on trame la perte, au dire de St.-Just, ainsi que nous l'avons appris par son discours déposé sur le bureau, *ces gens de bien*, c'est la municipalité de Paris, Hanriot et son état-major, Dumas et ses complices.

Voilà *les gens de bien* que St.-Just faisoit un crime de poursuivre à plusieurs membres de l'assemblée dénoncés maintenant par la faction qui veut, (cela est évident), venger les mânes des conspirateurs tombés sous le glaive des lois. Et en effet il est très - utile d'observer ici que ceux que la faction aristocratique et royaliste attaque et poursuit aujourd'hui comme *Robespierristes* sont ceux-là même qui lors de la loi qui expulsoit les nobles de Paris , s'opposèrent vivement aux exceptions apportées par Robespierre et Couthon sous le voile de réquisition ; ce sont ceux-là même qui empêchèrent qu'on ne rendit un décret présenté par Couthon , et tendant à faire périr les grains , car il vouloit qu'on ne pût les enlever qu'après qu'une armée de contrôleurs auroit en parcouru la république pour compter une à une toutes les gerbes :

Ce sont ceux-là même qui s'étoient inscrits pour demander l'appel nominal contre le costume des représentans , imaginé par Robespierre, pour donner à la convention , dans les rues de Paris, un air de distinction, d'orgueil et de prééminence qui devoit blesser les regards des républicains, et ensuite pour qu'un soir , dans une fête funèbre , tous ses satellites pussent, sans se tromper , faire main-basse sur la représentation nationale, et lui ouvrir le chemin du trône au moins pour quelques instans. Ceux que la faction aristocratique et royaliste accuse, ce sont ceux-là même qui dirent , lorsque Couthon proposa la loi du 22 prairial : *si cette loi passe , il n'y a plus qu'à se brûler la cervelle* ; ce sont les mêmes qui , lorsque Robespierre se précipita du fauteuil de président à la tribune , avec fureur, avec rage, pour défendre la loi, parvinrent , avec beau-

coup d'efforts , à établir une discussion article par article, et la rendirent la moins terrible qu'il leur fût possible ; mais il ne leur
fut pas permis de faire aussi bien qu'ils le
désiroient ; ceux que la faction accuse , ce
sont ceux-là même qui le lendemain voyant
la loi dans le bulletin , conçurent de vives
alarmes sur plusieurs articles, et sur un, surtout, qui mettoit la représentation nationàle
dans la main de Robespierre, ou du premier
agent d'un tribunal dont il disposa : ces
citoyens se rendirent au comité de salut public : Robespierre leur dit que c'étoit-là toujours le plan de calomnies, de conspiration,
et qu'il n'avoit pas entendu toucher à la
convention nationale ; cependant comme on
le menaça d'en parler à l'assemblée, et qu'on
en parla effectivement , Couthon , Robespierre arrivèrent à la convention , protes-
tèrent bien hypocritement de leur dévoue-
ment , donnèrent des explications qui
menèrent un ordre du jour motivé, ce qui
équivaloit au décret demandé pour la sû-
reté de la représentation nationale ; enfin
ceux que la faction aristocratique et royaliste accuse d'être Robespierristes ; ce sont
encore ceux-là même qui firent rapporter ,
le 8 thermidor, le décret d'envoi à toutes les
communes de la république du manifeste
de contre-révolution lu à la tribune par Robespierre, manifeste qui ne tendoit qu'à
déchirer la France par la guerre civile.
Et l'on se rappelle avec quelle énergie les

mêmes hommes que la faction poursuit, ont rempli, le 9 thermidor, leur serment de sauver la patrie.

Ainsi la Gironde les accusoit aussi d'être royalistes, continuateurs de Capet et de Dumouriez, eux qui avoient demandé la république, condamné Capet, et dénoncé Dumouriez à toute la France comme le plus scélérat des conspirateurs ; mais c'est la marche ordinaire des factions d'accuser de leurs propres crimes les hommes sévères dont elles redoutent la mâle austérité. Cette même faction vous accuse aussi, Jacobins, d'être royalistes, fédéralistes, assassins du peuple. Qu'est-ce qui est tout cela ? La faction aristocratique qui vous dénonce.

Aussi-tôt après la mort du tyran Robespierre, l'aristocratie a dit : je vais profiter des crimes de cet ambitieux décapité, pour travailler à l'anéantissement du gouvernement révolutionnaire ; je réclamerai la liberté *impunie* d'écrire, de parler et d'agir ; j'intriguerai dans les sections pour y désunir les citoyens ; j'amenerai, par un systême bien combiné de calomnie et de modérantisme, l'éloignement pour les mesures vigoureuses ; je me déchaînerai ensuite contre les sociétés populaires, et fournissant des femmes, des repas et de l'or à une poignée d'intrigans, je les attirerai dans mon parti, et nous marcherons de concert pour écraser l'esprit public, diviser le peuple, renverser le gouvernement, et anéantir, s'il est possible, le fruit de nos victoires.

Eh bien , frères et amis , l'aristocratie a tenu parole , et son plan a été parfaitement suivi : il n'est pas inutile de rapprocher ici la conduite de ce côté droit, qui est tombé sous le glaive de la justice nationale. Que faisoient la Gironde et Brissot pour se former un parti nombreux , qui détruisît l'égalité , et par conséquent la république purement démocratique ? Ils promettoient à tous ceux qui vouloient suivre leurs étendarts , ce qui pouvoit leur être agréable : ils disoient aux parlementaires : soyez pour nous , et vous redeviendrez ce que vous étiez ; ils disoient aux administrateurs : ne connoissez que nous , vous remplacerez les parlemens; ils disoient aux riches : allez votre train, et vous aurez la prééminence de la noblesse ; ils disoient à l'Autriche : c'est le Dauphin que nous placerons sur le trône; ils disoient à l'Angleterre : c'est pour le duc d'Yorck que nous travaillons ; ils disoient aux places de commerce : nous vous destinons la supériorité sur le reste de la France ; enfin ils trompoient tout le monde pour avoir dans leurs mains tous les moyens , et attendoient le résultat de leurs manœuvres pour établir le gouvernement le plus convenable à leurs intérêts. On sait qu'ils ont échoué , grâces à l'énergie des Jacobins, c'es-à-dire, des patriotes de Paris et de la convention : on sait que Robespierre aussi a échoué , quoiqu'aux débris de toutes les factions précédentes , il eut réuni une réputation de popularité de plusieurs années, et les prestiges de la religion. La nouvelle faction, ou plutôt la faction qui descend de Mirabeau, d'Orléans, de Fabre-d'Eglantine, de Danton, et qui a fait des recrues parmi les commensaux de Robespierre, cette faction réussira-t-elle dans ses projets? Elle a l'audace de le croire; mais ce seroit faire injure et aux membres probes de la convention et au peuple et à nos armées, que de ne pas affirmer qu'elle tombera comme les autres.

Elle s'est développée avec une extrême promptitude : les Brutus furent accusés sur le champ d'être des continuateurs de César, et les Guillaume-Tell furent traités de complices de Gœsler : cette horrible inculpation étoit le signal donné au modérantisme et à l'aristocratie de se rallier au tour des individus qui bientôt cherchèrent à flétrir la journée du 9 thermidor, par des peintures sanglantes, comme les Brissotins s'efforcèrent de ternir l'éclat du 10 août par des tableaux dégoûtans, et comme la cour et les royalistes en 89 travaillèrent à déshonorer le 14 juillet par des descriptions horribles : ainsi à chaque époque remarquable de notre révolution, qui donnoit au peuple l'espoir d'être débarrassé de ses ennemis, ont succédé des intrigues pour flétrir ces révolutions, et créer un nouveau parti sur le tombeau des factions écrasées : ainsi ces nouveaux partis, dont la conduite contre-révolutionnaire excitoit les mécontentemens

du patriotisme, ont toujours accusé le patriotisme lui-même des événemens préparés
par les factions qui vouloient détruire les
amis purs de l'égalité et de la liberté. Oui,
jusqu'ici les républicains ont été dénoncés
constamment comme coupables des crimes
commis par les ennemis de la république ; et
quoique ce plan ait toujours échoué , il est
encore suivi avec vigueur. Les républicains
demandent-ils qu'on s'occupe des moyens de
priver les brigands de la Vendée , et les royalistes d'un noyau de royauté qui est toujours
en France ? On vous répond que c'est le but
de l'Angleterre : les républicains demandent-ils que les ennemis nés du peuple soient
mis dans l'impuissance de nuire à l'acheve-
ment de la révolution ? on vous répond que
vous travaillez pour les anglais : les républicains demandent-ils le maintien du gouvernement révolutionnaire jusqu'à ce que
la paix soit faite , et que la constitution
puisse être organisée ? on vous répond que
les anglais ne cessent de répéter qu'on veut
ramener le système de Robespierre.

Les républicains font-ils quelque proposition qu'ils croyent utile pour le salut
de la patrie, et qui déplaise par conséquent
à la faction aristocratique ? on vous répond
que vous êtes le parti de l'Angleterre qui
cherche à jetter des pommes de discorde.
Y a-t-il du côté de Marseille quelques frippons qui prêchent des atrocités ? quelques
royalistes dans l'Ardêche qui publient une

proclamation au nom de Louis XVII ?
l'aristocratie, devenue forte, excite-t-elle
des mouvemens pour obliger de retirer des
bataillons de nos armées ? vîte ce sont les républicains qu'on accuse de travailler pour
l'Angleterre, et autres puissances coalisées:
en ce cas là *nous verrons* ces dénonciateurs
des républicains demander une loi vigou-
reuse contre les émigrés et contre tout ce qui
tient essentiellement à cette horde de bar-
bares : *nous verrons* les dénonciateurs des
républicains invoquer toutes les mesures
capables de rendre le peuple heureux, et de
réduire les tyrans coalisées à la nécessité de
se mettre à genoux pour obtenir la paix :
Nous verrons les dénonciateurs des républicains se conduire de manière à prouver
qu'en éffet les républicains protègent l'aristocratie, accaparent les subsistances, veulent jetter le découragement parmi le peuple, afin d'établir un gouvernement aristocratique ou même la royauté : *Nous verrons* les dénonciateurs invoquer tous les
moyens nécessaires pour détruire l'empire
de l'Angleterre, et affranchir les mers, sans
la liberté desquelles le commerce ne peut
être vivifié. Il faudra cependant que ces dénonciateurs des républicains abandonnent
leurs persécutions contre les sociétés populaires, afin de ne pas ressembler sur ce point
à monsieur Pitt, et à tous les autres his-
trions de cour. Ah! quoique vous fassiez,
vous qui accusez les patriotes pour écraser

le patriotisme , nous dirons comment vous
avez fortifié vos phalanges aristocratiques.
il falloit pour exécuter le plan de protection
de l'aristocratie , que la faction peignit comme des hommes de sang tous ceux qui vou-
droient que l'on n'imprimât point à la révolution une marche rétrograde ; que l'on
ne donnât pas au peuple français des jambes de bois , à la place des jambes de géant
avec lesquelles il franchissoit tous les obstacles , et parce que des scélérats se servent
pour assouvir leurs passions , du pistolet ,
de la poudre , du glaive , faut-il interdire
l'usage du glaive , de la poudre , et du pistolet ? faut-il traiter de scélérats tous ceux
qui demandent le maintien d'une loi salu-
taire parce que des monstres en ont abusé ?
mais on conspire contre le patriotisme !
il falloit donc présenter les patriotes comme
des bêtes noires sur lesquelles on doit cou-
rir parce qu'ils sont toujours aux aguêts ,
parce qu'ils brûlent d'envie de ne point pro-
longer la révolution , et de la conduire promp-
tement à son terme ; parce qu'enfin ils dé-
testent les contre-révolutionnaires ; aussi que
de pièges on leur a tendus ! On a organisé
ici un comité épurateur composé en partie
des membres de la faction pour établir une
société dans le sens de ces *messieurs* ; mais
déjà ces épurateurs , autrement epurés par
l'opinion publique promènent envain leurs
fureurs , et distillent leurs poisons contre
vous , qui voués à l'infamie , les factions

aussi-tôt qu'elles vous sont connues , et qui
ne servent d'autre cause que la cause populaire. Il falloit , tout en menaçant d'un dix
fructidor, vous denoncer l'adresse de la faction du Muséum , afin de lui donner un plus
grand nombre de partisans dans Paris , en
répandant parmi les aristocrates , qui ne
vous aiment pas , qu'elle étoit rejettée par
les jacobins ; et d'ailleurs la faction disoit :
ou la pétition réussira , ou elle ne réussira
pas : dans le premier cas , nous attendrons
les événemens; et dans le second nous aurons
à dire que nous avons fait notre devoir en
la dénonçant : cependant on avoit tâté l'o-
pinion de la convention sur l'éligibilité
demandée par la section du Muséum. Il falloit porter d'autres coups : il falloit chercher
à amener dans cette société une discussion
sur le tribunal révolutionnaire , afin de dire
ensuite si elle eût lieu, qu'on travailloit a in-
fluencer les jugemens : il falloit apporter à
la barre des dénonciations , comme du tems
de la Gironde, contre plusieurs députés : il
falloit en attaquer d'autres dans des libelles:
il falloit publier que l'échafaud se dressoit
pour les continuateurs de Robespierre assis
dans la partie de la salle appelée montagne :
la montagne ce sont tous les vrais républicains , c'est le peuple français tout entier ;
car les intrigans, les aristocrates, les frippons et les contre-révolutionnaires , ne sont
pas du peuple : il falloit en même temps
qu'on ouvroit les prisons à l'aristocratie , et

qu'on les refermoit sur les patriotes (et je parle ici d'après toutes les correspondances); il falloit bâtir une accusation contre plusieurs membres , et pour donner plus d'essort à l'aristocratie, et jetter de l'incertitude dans le peuple ; il falloit accompagner cette ac-sation , annoncée d'avance avec emphase, d'un paquet énorme de papiers ; il falloit ensuite lever la séance par un ordre du jour, sans avoir déroulé ce soi-disant amas de preuves : il falloit le lendemain chercher à empêcher qu'on n'approfondît cette af-faire : il falloit s'écrier : *Eh bien , nous consentons à oublier , à anéantir toutes ces pièces pour que la tranquillité ne soit plus troublée* : je le crois bien ; la faction avoit tout ce qu'elle désiroit : soupçons terribles contre les accusés , divisions et sollicitude parmi les patriotes , joie com-plette de l'aristocratie , et triomphe des intrigans : le génie de la liberté en décida autrement, et la nouvelle de l'évacuation du territoire de la république vint adoucir les plaies de la patrie , qui furent bientôt rouvertes par l'incendie de Grenelle , arrivé douze jours après celui de la Raffinerie, maison de l'Unité, et la hideuse aristocratie a accusé de ces crimes les républicains, com-me s'il étoit possible que les républicains dé-truisissent et leurs frères et les moyens qui servent contre la tyranine. Mais ce n'étoit pas assez : il falloit parler et reparler toujours de ce qui s'étoit passé du temps de Robespierre , afin de crier haro contre quiconque demanderoit le maintien du gouvernment révolutionnaire dans toute son énergie : il falloit répéter , comme Lafayette , et ensuite Pétion et Buzot, que *le règne des honnêtes gens* étoit venu. Et quels sont donc les honnêtes gens , si ce n'est les républicains sincères ? Mais les honnêtes gens de ces *messieurs* , ce sont les individus qui ont de bons vins, de bonnes tables, et beaucoup d'argent ; enfin c'est le million de pères nourriciers. Le roi , la noblesse et le clergé s'intituloient pareillement pères nourriciers, et cependant qu'est-ce qui nourrissoit tous ces vautours , si ce n'est le peuple ? Aussi n'a-t-on pas manqué de traiter de conspirateurs ceux qui ne suivant d'autre impulsion que la franchise de leur ame , demandoient qu'on s'occupât des moyens de détruire l'influence des richesses , en faisant le plus de propriétaires possible ; en faisant que tout citoyen français fût au-dessus du besoin , que nul homme ne dépendît d'un autre homme ; qu'il n'y eût pas un peuple d'administrateurs , qui mangent le peuple d'administrés , en réalisant , en un mot , le système de fraternité , de liberté et d'égalité entre tous les véritables français. Parlez-nous de ces belles conceptions , vous qui avez tant de plumes pour tracer des calomnies contre les sociétés populaires , et qui pleuriez lorsqu'on jugeoit Capet, qui étiez morts lorsque les girondins déchiroient la patrie , et qui aujourd'hui copiez les arrêtés de Coblentz , les manifestes des rois, les libelles de la défunte cour , et l'opinion de monsieur Pitt contre le système jacobin qui n'est autre chose que le républicanisme. Mais que disje ? suivant vous , demander des lois vraiment populaires, c'est conspirer contre vos honnêtes gens ; vous aimez bien mieux travailler à détériorer l'esprit public , mais vous n'y parviendrez pas , et nos baionnettes contre vous , notre artillerie , ce sera des propositions tendantes perpétuellement à ramener la France à l'état purement démocratique , et à faire de ce beau pays un peuple heureux : voilà comment il faut conspirer contre vous. Les républicains n'admettent ni les poignards ni les ténèbres pour ôter au peuple un seul de ses ennemis : il les attaquent en face, les vouent à l'ignominie, ne leur donnent point de coups de pistolets lâchement dans le silence : ils se contentent de les bannir des assemblées politiques, de les livrer à leurs remords et à la justice nationale, s'ils persistent dans leurs manœuvres criminelles.

Croyent-ils ces misérables pantalons politiques en imposer long-tems au peuple et à ses représentans ?

Que peuvent des pigmées contre le peuple français qui a abattu des géans ? Que peuvent des mirmidons dans une république qui combat l'Europe? Que peuvent des contre-révolutionnaires par écrit contre vingt-quatre millions de républicains qui ont juré l'anéantissement de toute tyrannie , et qui chaque jour remplissent leur serment? Quand Catilina et sa horde impure , quand Pisistrates *avec ses blessures faites à dessein* , et son astuce et ses talens; quand tous les conjurés de l'histoire ancienne et de l'histoire moderne sortiroient de leurs tombeaux pour se réunir contre le peuple français, le peuple replongeroit dans le néant tous ces conspirateurs, eussent ils préparé partout des mêches pour lancer leurs bombes liberticides , et accuser ensuite de leur explosion les républicains.

La cour et ses partisans , la faction de Brissot et de la Gironde ; Danton ensuite et ses complices : puis Robespierre, St.-Just , Couthon et leurs amis ont échoué au moment même où ils se croyoient assurés du succès : il en sera toujours de même pour les ennemis du peuple qui n'employent et qui ne peuvent guère employer que les mêmes moyens : il n'y a de différence que dans le plus ou moins de perfidies , de noirceurs , d'atrocités , d'audace, d'hypocrisie , même quelques fois d'étourderie. On pourroit dire que la promulgation au nom de Louis XVII dans l'Ardêche , les mouvemens du Palais - Royal, le jour même où l'on avoit parlé à la convention du petit Capet et des royalistes , l'agitation des chouans ; le complot de faire débarquer des Anglais dans les départemens de l'Ouest , l'invitation

faite dans un libelle de la faction de prendre garde au Temple , invitation qui
dans le cas d'un manque de succès de la
part des royalistes , n'avoit pour but que
d'accuser de ce mouvement les prétendus
continuateurs de Robespierre , on pourroit
dire que tous ces faits prouvent le système
de royauté ; mais on ne veut pas arriver
tout de suite à la royauté : le passage seroit
trop révoltant et le succès ne couronneroit
point l'entreprise : le but de la faction est,
disent quelques personnes , d'entraîner la
convention dans beaucoup de fausses dé-
marches afin de lui faire perdre la con-
fiance publique , et d'en demander le re-
nouvellement pour se débarrasser des républicains incommodes dont on ne peut se dé-
faire autrement : la convention ne donnera
pas dans un pareil piége. Les principes ne
sont ils pas là pour lui servir de flambeau?
et certes, ce flambeau ne s'éteindra qu'avec
la vie des républicains.

Que veut donc la faction? que veut-on
quand on fait la guerre au patriotisme?
quand on protège le modérantisme aristocratique? quand on veut détruire les sociétés
populaires ? quand on dit que leurs plaintes
sont rédigées à Paris? quand on appelle conspirateurs ceux qui veulent le triomphe de la
liberté et de l'égalité pour le peuple? quand
on cherche à fermer la bouche à ceux qu'on
redoute et qu'ensuite on accuse d'ambition
leur propre silence, afin de les rendre odieux

soit qu'ils parlent, soit qu'ils ne parlent pas?
quand on s'efforce de reporter la terreur sur
tout ce qu'il y a de patriotes?

Que veut-on encore quand on dit qu'un
million d'hommes en nourrit vingt-quatre
millions ? si ce million les nourrit, bientôt
il les gouvernera, et c'est d'abord à cette
chambre haute, à cette chambre des pairs
qu'on en veut venir : il n'y auroit qu'un pas
de-là à la royauté.

Que veut-on quand on répète sans cesse
comme Mallet-du-Pan et Buzot qu'on est
conspirateur parce qu'on prétend que les
fortunes colossales sont dangereuses, surtout
dans une république.

Est-ce que par-tout où il y a des palais
magnifiques, il n'y a pas des hôpitaux dé-
goutans? Est-ce que partout où il y a une
portion d'individus dorés depuis la tête jusqu'aux pieds, il n'y a pas une foule d'hommes couverts de haillons ? voilà la population des monarchies : beaucoup de misère à
côté de beaucoup de richesses : beaucoup
d'esclavage à côté de beaucoup de corrup-
tion. Qu'on me dise si l'on ne veut pas que
chacun en France, puisse avoir un habit
et toutes les choses nécessaires pour vivre
républicainement. Qu'on me dise si l'on
veut qu'il y ait toujours des pauvres obligés
de ramper devant l'opulence insolente ;
qu'on me dise si le peuple dévoré sous les
rois par des milliers de sang-sues, a fait une
révolution pour être tyrannisé par l'aristo-

cratie financière. Non : le peuple n'a pas combattu pendant cinq ans pour jouer le rôle d'esclaves d'un millon d'hommes à eux : le peuple n'a pas brisé l'encensoir et le sceptre, brûlé les parchemins de la noblesse déchiré les robes des parlemens, pour devenir la proie où la bête de somme de cette petite classe dégoïstes, d'aristocrates qui sont restés au coin de leur feu, dans leurs beaux sallons, les pieds bien chauds en hiver, tandis que tous les millions de sans-culottes ont versé leur sang aux frontières en battant les ennemis du dehors, et ont travaillé jour et nuit dans l'intérieur à consolider la république.

Et que les méchans ne viennent pas nous reprocher de vouloir dépouiller ceux qui ont pour donner à ceux qui n'ont pas ; nous ne voulons dépouiller personne ; nous ne voulons pas aussi que la révolution tourne seulement au profit de ceux qui n'ont rien fait pour elle, et même qui ont tout fait contr'elle, mais nous voulons que toute la masse du peuple qui s'est dévouée de toutes les manières pour la conquête de la liberté, jouisse complettement du fruit de ses travaux. Nous ne voulons d'autre distinction parmi les citoyens que celle fondée sur le patriotisme et la probité, et non celle appuyée sur les trésors : nous ne connoissons qu'une conscience sansreproche, et l'amour de son pays. Mais la faction aristocratique n'est pas du tout de cet avis.

Elle abhore l'égalité : elle prétend la détruire, et pour parvenir à ses fins, elle se rattache ce que Lafayette appeloit *la saine partie de la nation*, c'est-à-dire les aristocrates par goût et par intérêt, elle dira bientôt que les ouvriers, les artisans, les agriculteurs doivent demeurer dans leurs atteliers sans se mêler jamais des affaires politiques, comme si les artisans, les ouvriers, les agriculteurs n'étoient pas la portion la plus active du peuple français et les plus fermes soutiens de la liberté : et pour empêcher les patriotes à caractère de développer ces vérités, la faction à vomi libelles sur libelles contre les sociétés populaires ' véritables arsenaux de l'opinion publique : quand elle a vu qu'elle ne pouvoit fermer ces écoles vivantes du républicanisme, elle a pris le parti d'y jetter le silence de la terreur en poursuivant les hommes dont elle craignoit l'énergie, en les traitant d'assassins, de brigands, de frippons, de contre-révolutionnaires pour qu'on ne pût les réclamer sans leur être assimilés.

Et tandis que sous le nom de justice elle se déclare en faveur de l'aristocratie, elle aiguise les poignards de la calomnie contre les députés fidèles qui ont marché toujours avec le peuple et pour le peuple. Elle les dénonce dans Paris et dans les départemens, eux et les jacobins, comme les ennemis du peuple ; et toute l'aristocratie sortie de prison ou qui apparemment ne craint

plus d'être enfermée, est là pour appuyer
la faction :

Elle est-là pour exciter soit à Paris soit
dans les départemens des dissentions, des
mouvemens qui amènent des journées de
Nancy et du champ de Mars, qui nécessitent
au moins le rappel d'une partie de nos armées
victorieuses; elle est-là pour accuser plus
gravement encor les patriotes, traîner dans
la boue, (suivant l'expression de ces messieurs) pour traîner dans la boue la partie
de la convention, qu'ils désignent eux-
mêmes sous le nom de Montagne; mais no-
tez qu'ils ne les séparent des autres représentans du peuple, que pour faire croire que
la convention qu'en dernière analyse ils
veulent dissoudre, n'est point l'objet de leur
haine, mais que c'est seulement le coin ap-
pelé Montagne qui n'est rempli que de continuateurs de Robespierre, de fédéralistes,
d'aristocrates, de royalistes. Ce reproche de
la faction aristocratique, paroît assez sin
gulier : quoi faction aristocratique et royaliste, tu veux détruire les jacobins que tu
dit être royalistes! quoi tu veux détruire
une partie de la convention que tu désigne
toi même sous le nom de Montagne garnie
de royalistes! il est vrai que ses crimes sont
graves : il est vrai qu'elle n'a jamais capitu-
lé avec les traîtres, et qu'elle les a frappés
dans son sein comme hors de son sein : il est
vrai que soutenue comme tout le reste de la
convention par l'énergie du peuple, des ja-

cobins , de tous les républicains , elle a détruit tour à tour les factions et les espérances
des rois et des usurpateurs : il est vrai qu'elle
a contribué beaucoup à frapper Capet ,
d'Orléans , Antoinette , Custines , Hou-
chard , Danton , Brissot , la Gironde , Robespierre , les ennemis du dedans et les puissances étrangères : il est vrai que Robespierre dressoit aussi un échaffaud pour elle
parce qu'elle ne veut d'autre empire que celui de l'égalité et de la liberté , et qu'il sa-
voit par ses espions qu'elle voyoit ses projets ambitieux , et qu'elle mûrissoit son anéantissement, ce qui même l'engagea quelque temps avant sa chûte, à adresser une
invocation au reste de l'assemblée qui
n'en fût pas la dupe et qui ne le sera jamais
de ceux qui répèteront la même scène.

Mais , ajoute la faction aristocratique ,
cette Montagne est dominatrice ! reproche
mis en avant par toutes les factions qui ont
vu dans une masse d'hommes sévères des
obstacles à la contre-révolution : la Montagne dominatrice ! et qu'on observe que
je réponds à la faction aristocratique ! la
Montagne dominatrice ! elle qui n'a d'autre entourage que les principes !

Elle qu'on contraint au silence ou qu'on
réduit à d'inutiles efforts ! elle qui n'est im-
miscée dans aucun secret ! elle qui est loin
de caresser les factions ! elle qui témoigna
dans toutes les circonstances son indignation
contre les frippons , les aristocrates et les

royalistes ! elle qui pense que la révolution n'est point achevée et qu'elle ne s'achevera point par une amnistie envers les ennemis du peuple !

Ah ! ses ennemis qui la séparent aristocratiquement de la convention pour tout détruire, savent bien qu'elle n'est ni ambitieuse, ni dominatrice ; ils savent bien qu'elle ne se rassemble nulle part, excepté à la convention et à la société populaire : ils savent bien qu'elle vit isolée, qu'elle ne se concerte sur rien (car l'amour de la patrie la réunit toujours) qu'elle ne tient pas de conciliabules, d'assemblées particulières, que les membres arrivent le matin sur leurs bancs sans s'être vus depuis le moment où ils ont quitté la séance de la veille. Certes ce n'est point là la conduite d'hommes ambitieux et dominateurs : mais ce qui a toujours armé et arme encore la fureur aristocratique contre elle, c'est qu'elle a constamment été le camp retranché où se sont réfugiés les principes de la pure démocratie, les principes de l'égalité parfaite et de la liberté sans mélange, et qu'elle a prouvé son attachement inviolable à la cause populaire en frappant les scélérats qui s'étoient glissés parmi elle comme ceux qui s'en étoient tenus éloignés. On ne peut la corrompre, disent les ennemis de l'égalité et de la liberté, donc il faut la détruire : voilà leur raisonnement : et en effet en la détruisant on détruit de suite la convention : on enlève au patriotisme son point de mire ; on ne ressuscite alors le nom de montagnards que pour en faire un nouveau titre de proscription comme du tems de la Gironde ; l'aristocratie se lève tout-à-fait triomphante et finit par perdre la représentation toute entière, car il ne faut pas que les députés du peuple se le dissimulent, l'aristocratie ne cherche à séparer les jacobins de la convention, que pour détruire la convention après les jacobins, et la république après la convention.

Mais ce qui dans toutes les crises a rassuré les patriotes, c'est qu'ils existent chez un peuple qui a toujours fini par reconnoître la vérité.

Quel vaisseau qui a un long trajet à faire à travers des milliers d'écueils, est arrivé au port sans tempête et sans orages ? quels intrépides matelots se sont découragés pour avoir été battus et rebattus par les flots et par les vents ? ce vaisseau, c'est la république : ces matelots ce sont les sincères défenseurs de la caose populaire : les requins qui le suivent pour dévorer quelque proie, c'est la faction des fripons et des aristocrates.

Quels sont les moyens capables de la déjouer ? énergie constante des vrais jacobins : surveillance active de tous les patriotes : énonciation de toutes les vérités : ralliement à la convention nationale dont la masse ne se prêtera jamais à aucune conspiration, et frappera aussi-tôt qu'ils lui seront parfai-

tement commun , tous les conspirateurs ,
quelque part qu'ils se trouvent , soyons tout
yeux, tout oreilles, tout courage ; examinons
tous les mouvemens, toutes les motions ;
éclairons sans cesse nos concitoyens sur les
abîmes qu'on creuse sous leurs pas : soyons
les défenseurs permanens des patriotes op-
primés ; occupons nous de tous les moyens
qui peuvent sauver la patrie sans déchirement ; ramenons toutes nos discussions aux
principes de l'égalité, de la liberté, de la
pure démocratie, demandons à nos frères
que l'aristocratie cherche à égarer s'il leur
est jamais arrivé quelque chose de bon , de
la part de l'aristocratie ? disons leur que la
patrie souffre quand on en vient à examiner
si tel ou tel libelle a tort ou raison , quand
on en vient à mettre en discussion la révolution elle-même , et la république : que di-
roit-on de nos héros sur les frontières , si au
lieu de marcher à l'ennemi ils discutoient
comme ils doivent eux-mêmes se laisser sur-
prendre et égorger par les anglais ou par les
autrichiens ?

Et toi, Paris, cité célèbre, rappele toi sans
cesse de ces paroles terribles prononcées
par Isnard : sachez que les tyrans et les aristocrates veulent qu'on les regarde un jour
comme un prophétie :

Sachez que tu ressembles à une société
d'hommes arrivés dans une île, et qui a
brûlé ses vaisseaux : tu ne peux te sauver
qu'en demeurant ce que tu as constamment

(30)

été depuis la première époque de la révolution : tous les départemens qui ont confié à
ta garde l'arche dalliance et le faisceau qui
t'unit à eux, qui les unit à toi, t'observent et
te contemplent.

Souviens-toi que ton existence et ta gloire
tiennent à ta fraternité, à ton amitié avec
tout le reste de la république : saches que
si jamais il y avoit, soit dictateur, soit
tribuns, soit triumvirs, soit fédéralime,
soit royauté, soit même république aristocratique, tu serois anéanti à cause de
ta population trop redoutable pour des usurpateurs. Tu ne peux exister, Paris, qu'au-
tant que la France entière sera république
purement démocratique, fondée sur une
union indestructible et sur les bases durables
de la liberté et de l'égalité. Quiconque ne
veut pas ce gouvernement est ton ennemi et
à vendu ta perte aux tyrans de l'europe.

La Société, dans sa séance du 7 Vendémiaire,
l'an troisième de la république française, une et
indivisible, a arrêté à l'unanimité l'impression du
discours, et l'envoi à toutes les autorités, aux armées,
à l'Ecole de Mars, aux sociétés populaires, aux 48
sections de Paris, la distribution aux tribunes,
et l'affiche.

BASSAL, député président; BOUIN, vice-président.
DUHEM, GLEYZAL, DUROSQ, CHAMBELLAN,
Secrétaires.

De l'Imprimerie de G.-F. GALLETTI,
aux Jacobins Honoré.